DESCRIPTION

D'UNE

NOUVELLE PRESSE

D'IMPRIMERIE.

DESCRIPTION

D'UNE

NOUVELLE PRESSE

D'IMPRIMERIE,

Approuvée par l'Académie Royale des Sciences,
et imprimée sous son Privilége;

PAR M. PIERRES,

PREMIER IMPRIMEUR ORDINAIRE DU ROI,
&c. &c. &c.
Membre de plusieurs Sociétés Littéraires.

Si quid novisti rectius istis,
Candidus imperti : si non , his utere mecum. HORAT.

A PARIS,

Imprimé chez L'AUTEUR, par sa Nouvelle Presse.

1786.

AVERTISSEMENT.

La Presse nouvelle que j'annonce aujourd'hui, est employée depuis le mois d'Octobre 1784 dans mon Imprimerie; & il y a plus d'un an que j'aurois pu en donner la Description : mais, retenu par une juste défiance, j'ai voulu par de longs essais m'assurer de l'utilité de cette Machine. Des épreuves multipliées m'ont enfin satisfait; & quoique je sois convaincu qu'elle est loin encore de sa perfection, j'ose me flatter cependant qu'elle offre déja assez d'avantages, pour qu'on puisse la préférer aux Presses anciennes.

Dans les différentes parties de détails qu'elle contient, peut-être en est-il qui demanderoient

AVERTISSEMENT.

des changemens ou des corrections. Je recevrai avec reconnoiſſance ceux qu'on voudra bien m'indiquer ; & par mon empreſſement à les ſuivre , j'eſpère montrer combien eſt pur le zèle qui m'anime pour la perfection d'un des plus beaux Arts qu'ait inventés l'eſprit humain.

On ne ſera pas ſurpris de ne point trouver l'explication de pluſieurs termes Typographiques qui ſont répandus dans cette Deſcription. Les Perſonnes de l'art n'en ont pas beſoin; quant à celles qui ſeroient bien-aiſes de s'en rendre compte , elles pourront conſulter l'Encyclopédie.

DESCRIPTION

D'UNE

NOUVELLE PRESSE

D'IMPRIMERIE.

Livré par goût, autant que par état, à l'exercice de l'Art Typographique ; jaloux de contribuer, s'il m'étoit possible, à ses progrès, j'en ai depuis long-tems étudié tous les détails avec la plus grande attention.

Nous admirons avec raison les chefs-d'œuvre sortis des mains des *Étiennes*, des *Plantin*, des *Elzevirs*, &c. &c. & de tant d'autres savans Typographes. La beauté des ouvrages qu'ils ont mis au jour, justifie leur goût & celui

A

des connoiſſeurs qui recherchent leurs productions (1).
Mais ces Artiſtes célèbres ſe ſont plus occupés de la partie
ſavante que de la partie mécanique de l'Imprimerie.

C'eſt donc de ce côté que j'ai porté mes regards, avec
l'eſpérance d'y faire quelque réforme utile.

En conſidérant avec attention la fatigue journalière des
ouvriers de la Preſſe, j'ai cru que ce ſeroit leur rendre un
ſervice important, que de ſimplifier le mécaniſme de cette
machine, d'en abréger les opérations, & de diminuer la
fatigue qui doit réſulter d'un travail auſſi pénible.

Je conçus donc le projet de changer dans la Preſſe le
mouvement de preſſion, & depuis pluſieurs années, je me
ſuis occupé d'en trouver les moyens.

Le but qu'on doit ſe propoſer dans une Preſſe
d'Imprimerie, c'eſt d'obtenir une preſſion forte ſans être
violente, prompte ſans ſecouſſes, de faire deſcendre &
remonter la platine, de manière que le paralléliſme
qu'elle prend à chaque coup, avec le plan de la forme,
ſoit exact, & le foulage égal par-tout.

La vis avoit paru juſqu'à préſent le moyen le plus ſûr
pour opérer le genre de preſſion dont on a beſoin. Mais,

---

(1) J'aurois pu faire ici une longue énumération des Imprimeurs qui ſe ſont
rendus recommandables : mais, en réſervant pour mon grand travail ſur l'Art de
l'Imprimerie, les éloges que chacun d'eux mérite, je ne puis m'empêcher d'ob-
ſerver qu'entre ceux qui ſe ſont le plus diſtingués dans ce ſiècle, on doit rendre à
MM. Barbou la juſtice d'avoir excité les premiers en France l'émulation qui règne
parmi les Imprimeurs de la Capitale; & leur Collection d'Auteurs Latins ſera toujours un Recueil auſſi précieux aux Littérateurs, qu'agréable aux Amateurs de la
Typographie.

comme il eſt démontré que les frottemens ſont en raiſon des ſurfaces, & que ces frottemens ſont autant de réſiſtances qu'il faut vaincre avant d'opérer la preſſion, il s'enſuit que la vis eſt un moyen défectueux qui conſume en pure perte les forces de l'ouvrier. Or les corrections qu'on a faites juſqu'à ce jour, en multipliant les frottemens, ont par conſéquent augmenté ſa fatigue.

MM. Guérin & de la Tour, célèbres Imprimeurs de Paris, firent exécuter, il y a environ trente ans, une Preſſe à vis double, c'eſt-à-dire, que ſur la même tige, il y avoit une vis à droite & une à gauche: le barreau étoit placé entre deux. On jugera aiſément combien il falloit d'efforts pour vaincre les frottemens d'une pareille machine; auſſi fut-on bientôt obligé de ſupprimer cette vis, & de lui en ſubſtituer une ordinaire, qui travaille encore dans mon Imprimerie.

Quelques-uns de mes Confrères n'ont épargné ni peines, ni dépenſes pour améliorer la Preſſe; mais, malgré l'intelligence avec laquelle leurs différentes Preſſes ont été conſtruites, ils n'ont pu parvenir à diminuer la fatigue des ouvriers, & s'ils ont obtenu la ſuppreſſion de l'étançonnage, ce n'a été que par le poids de leurs machines, ou par celui de la baſe qu'ils y ont adaptée. Leur zèle au reſte eſt digne d'éloges; & quoique, ſans poſſéder leurs talens, j'aie peut-être été plus heureux, j'eſpère que leurs obſervations ultérieures perfectiohneront les miennes.

L'amitié dont m'honore M. Franklin, m'a donné lieu, pendant ſon ſéjour en France, de profiter de ſes inſtructions, & c'eſt à pluſieurs conférences que j'ai eues avec lui, que je dois le zèle dont il a ſoutenu mes premiers eſſais (2).

La manière dont les Preſſes ſont communément aſſujetties, en diminuant le jour dans une Imprimerie, s'oppoſe encore à ce qu'on puiſſe faire uſage du plafond pour y établir des étendages, quoique ce ſoit un objet très-eſſentiel.

Je penſai donc d'abord à ſupprimer l'étançonnage, afin de me procurer du jour & de la place pour mes étendages, & je réſolus de faire conſtruire un modèle qui, en conſervant le tirage horizontal, pût ſe paſſer d'étançons.

On ſait que le barreau qui mène la vis, décrit horizontalement une portion de cercle; ainſi, ſans l'étançonnage, la Preſſe tourneroit ſur elle-même, & pour peu que quelqu'obſtacle s'oppoſât par le bas à ce qu'elle pût tourner, on ſent que l'effort du barreau tendroit à la faire tordre, ce qui au bout de fort peu de tems, détruiroit les aſſemblages & la juſteſſe de la deſcente de la platine.

Une Preſſe a communément ſix pieds de haut : le barreau eſt environ à la moitié de ſa hauteur. Je réduiſis d'abord les jumelles à quatre pieds; le ſommier dans lequel

---

(2) On ſait que M. Franklin excelle dans tous les genres de Sciences auxquelles il s'eſt livré : mais ce que peu de perſonnes ſavent, c'eſt qu'il poſſède à un dégré éminent la Science Typographique, dont il a appris dans ſa jeuneſſe les premiers élémens à Londres. Après y avoir exercé cet Art pendant pluſieurs années, il a établi à Boſton ſa patrie, une Imprimerie à laquelle il a préſidé long-tems, avant ſon arrivée en France.

passe l'écrou, étoit à deux doigts de la platine, & le barreau immédiatement au deffus du fommier, ce qui le defcendoit de beaucoup. Je me propofois d'adapter à chacun des quatre pieds de la Preffe un fort verrou, qui auroit été reçu dans une gâche fcellée au plancher. La jumelle du barreau avoit un étréfillon en avant, & celle des balles un en arrière : j'efpérois par-là éviter le virement.

Je communiquai à MM. Robert, habiles Mécaniciens, le deffein que j'avois de fupprimer l'étançonnage. Je les conduifis chez l'ouvrier qui travailloit au modèle : ils me parurent fatisfaits des changemens que j'avois adoptés : néanmoins ils approuvèrent davantage l'idée que j'avois conçue depuis long-tems, de fubftituer l'effort perpendiculaire à l'effort horizontal, qui eft encore généralement en ufage.

Au refte, le modèle que j'avois fait conftruire ne m'offrant pas affez de certitudes, je différai de le faire exécuter en grand, jufqu'à ce que de nouvelles réflexions m'euffent éclairé fur les moyens de remédier aux défauts que j'y appercevois.

Quelque tems après, M. le Baron de Tott, Maréchal des Camps & Armées du Roi, qui réunit aux connoiffances les plus étendues en Mécanique, les talens & l'adreffe du plus habile Artifte, étant venu me voir, je lui communiquai mon nouveau modéle : il lui parut devoir remplir le but que je m'étois propofé : cependant je lui fis part de mes doutes & du deffein où j'étois de fubftituer l'effort perpendiculaire à l'effort horizontal. Le moyen que j'avois imaginé, étoit de remplacer la vis par deux plans inclinés oppofés, qui montant l'un fur l'autre, auroient procuré une preffion confidérable. Je lui détaillai les avantages que je m'en promettois, fans me diffimuler les défauts auxquels je n'avois pas encore trouvé de remède. Il faifit mon idée avec la fagacité qui lui eft propre, m'indiqua fur le champ des corrections, & fur-tout me propofa l'application d'une efpèce de limaçon qui a fi bien réuffi, comme on le verra. M. de Tott voulut même fe charger d'exécuter cette Preffe en petit, ce qu'il fit en huit jours, auffi parfaitement que le plus habile ouvrier eût pu le faire (3).

M. Le Noir, alors Lieutenant-Général de Police, qui fe délaffoit des fatigues d'une Adminiftration immenfe, en procurant ou favorifant des établiffemens utiles, accueillit cette nouvelle invention avec empreffement : il voulut bien me préfenter à M. le Baron de Breteüil. Ce Miniftre, après avoir examiné le modèle, & l'avoir vu travailler, m'affura qu'il en parleroit au Roi, & qu'il ne doutoit pas que Sa Majefté ne voulût le voir.

----

(3) Je ne faurois témoigner trop de reconnoiffance à M. le Baron de Tott, & c'eft avec une véritable fatisfaction que je publie les obligations que je lui ai. Sans lui, fans fon fecours, je n'aurois pas eu le courage de vaincre les difficultés de l'exécution ; & fans fes connoiffances profondes en Mécanique, je n'aurois jamais pu efpérer de faire un pas auffi grand. Quoique je ne puiffe pas me flatter d'avoir obtenu une machine parfaite, je me trouve au moins heureux d'avoir fait un appel aux talens, & je fuis récompenfé par l'émulation que j'ai provoquée dans les Artiftes qui s'occupent actuellement de la perfection de la Preffe.

En effet, le 7 Mai 1784, j'eus l'honneur de préfenter ce modèle au Roi. Sa Majefté parut fatisfaite du nouveau mécanifme, & voulut bien tirer Elle-même une épreuve que je conferve avec foin, comme un monument précieux de la protection qu'Elle daigne accorder aux Arts & aux Artiftes, & qui me rappellera fans ceffe un des plus beaux momens de ma vie. Sa Majefté eut la bonté d'entrer dans quelques détails fur la conftruction de la Machine, fur celle de la Preffe dont l'effort eft horizontal, & me donna l'ordre de lui en faire conftruire une femblable au modèle (4).

Je remarquai avec attendriffement que le Roi accueillit fur-tout mon projet, en voyant que la peine des ouvriers en feroit diminuée.

J'eus l'honneur de remettre le deux Juillet fuivant cette petite Preffe à Sa Majefté, qui a bien voulu la faire placer dans fes Appartemens intérieurs.

Non content de m'avoir introduit chez M. le Baron de Breteüil, M. Le Noir voulut bien me préfenter à M. le Garde des Sceaux, qui, fur le rapport fans doute avantageux de ce Magiftrat, avoit demandé à voir cette nouvelle machine. Je fis en fa préfence différentes épreuves qui parurent le fatisfaire. J'eus le même avantage chez M. de Calonne, Contrôleur-Général des Finances.

---

(4) Cette Preffe a été exécutée avec la plus grande intelligence & la plus grande précifion, par M. Baradelle l'aîné, Ingénieur habile en inftrumens de Mathématiques, à Paris.

C'eft d'après le modèle forti des mains de M. le Baron de Tott, que j'ai fait exécuter la première Preffe en grand, dans les dimenfions des Preffes ordinaires : j'y ai encore fait faire les changemens que les différentes pièces & leurs fonctions ont paru exiger ; & elle n'a été en état de travailler qu'en Octobre 1784.

Le feize Novembre fuivant, M. le Baron de Breteüil, accompagné de M. Le Noir, voulut bien fe rendre chez moi. Après avoir parcouru mes atteliers, & vu travailler mes Preffes ordinaires, ils arrivèrent à la nouvelle, pour juger de la promptitude de fes effets, & de la douceur de fes mouvemens.

Je fis tirer en leur préfence une forme *in-4°* des Mémoires de M. le Baron de Tott. Pendant que le Miniftre étoit occupé à examiner une des feuilles qui venoient d'être tirées, mes ouvriers fubftituèrent promptement une autre forme à la précédente, & fous prétexte de le convaincre par lui-même de la douceur de la preffion, je l'engageai à tirer une épreuve, ce qu'il voulut bien accepter.

Ce Miniftre fut furpris d'avoir imprimé lui-même des Vers où fon amour pour les Arts, & la protection qu'il accorde aux Artiftes, font moins bien célébrés qu'ils ne font fentis. Il eut la bonté de me témoigner fa fatisfaction de la fimplicité du mécanifme & du moëlleux de la preffion. M. Le Noir effaya auffi la machine, & en fut content.

J'ai, depuis ce moment, eu le bonheur de réunir le

fuffrage de plufieurs Perfonnes diftinguées par leur goût pour les Arts utiles.

Après avoir conftaté, par une longue fuite d'effais, les avantages de cette machine, j'ai eu l'honneur de la préfenter à l'Académie Royale des Sciences. L'approbation de cette Compagnie, d'après le Rapport favorable de MM. les Commiffaires, doit m'encourager à me rendre digne de fes bontés, en donnant à mon zèle une nouvelle activité.

Comme je ne me fuis propofé d'autre but que de contribuer à la perfection de la Preffe, je crois devoir donner ici une defcription affez détaillée de cette nouvelle machine, afin d'en rendre fenfibles jufqu'aux moindres opérations.

A la fuite de l'Explication des Planches, on trouvera le détail des avantages qu'on obtient par le nouveau mécanifme, & de ceux qu'on peut en efpérer.

La nomenclature des différentes pièces qui compofent cette Preffe, fuivant l'ordre des lettres de chacune des Planches gravées, terminera cette Defcription.

Nota. Les lettres capitales qui fe trouvent dans les deux Planches qui accompagnent cette Defcription, auroient dû être en caractères italiques, pour correfpondre à celles qui fe trouvent dans l'Explication qui fuit; mais l'intelligence des Lecteurs y fuppléera.

EXPLICATION DES PLANCHES.

Il y a dans cette Preſſe trois changemens principaux.

1°. *Le Mécaniſme de la Preſſion.*
2°. *La Suſpenſion de la Platine.*
3°. *La Penture du Tympan.*

Avant d'en détailler les avantages, je vais donner la Deſcription de chacune des pièces qui compoſent cette Preſſe.

Les jumelles *II Planche* I, ſont à-peu-près à leur hauteur ordinaire. Le ſommier ſur lequel repoſe le *train* de la Preſſe, & qui reçoit tout l'effort du *foulage*, déborde les jumelles de toute la grandeur de la platine *b*. Mais, comme cet excédent eût porté à faux, & n'auroit pu ſoutenir long-tems la preſſion, je l'ai fait porter ſur des conſoles à bois debout *L L* d'un ſeul morceau chacune, & fixées ſur la ſurface intérieure des jumelles. C'eſt à-peu-près tout ce que j'ai changé à la menuiſeric de la Preſſe. Les autres changemens trouveront leur explication dans celle des pièces qui opèrent la preſſion.

La forme étant dans le coffre & fixée avec des coins comme à l'ordinaire, l'ouvrier place une feuille de papier ſur le tympan *c*, baiſſe la friſquette *d*, & couche le tout fur la forme *e* : puis, de la main gauche tournant la manivelle *f* du rouleau, il fait avancer le train jufqu'à ce que la forme foit fous la platine. Alors il prend de la main droite la manivelle *E F*, lui fait décrire la portion du cercle *H H H* & l'amène en *K*, pofition dans laquelle elle eft retenue par l'épaulement & l'arrêt qui fe trouvent à l'endroit où tourne cette manivelle. Par ce moyen le levier *D D D* fe trouve allongé, & le coude que fait la manivelle, la met à la portée de l'ouvrier, qui la faifit fans fe hauffer ni fe baiffer.

On a voulu fupprimer dans les Preffes qui viennent d'être conftruites d'après la mienne, le petit levier *E F*, & on a prolongé le grand levier. Cette fuppreffion prouve l'ignorance (1) de celui qui l'a faite : car il ne fent pas

---

(1) L'Ignorance eft la mère de la Préfomption. Le Sr Genard, Serrurier à Paris, après avoir exécuté ma Preffe fur les plans, mefures & deffins que je lui avois fournis, a dénaturé plufieurs de mes moyens, pour paroître ne m'avoir pas copié, & fe donne actuellement comme *l'inventeur* de la Machine. Non-feulement il l'a fait graver fur les Preffes qu'il a fournies à l'Imprimerie de la Loterie Royale de France, mais même il l'a fait imprimer dans une Feuille des *Nouvelles de la République des Lettres*, N° *XI*. Cette prétention eft fi ridicule, que je ne devrois pas m'abaiffer à y répondre ; mais cependant, il eft bon qu'on fache que le Sr Genard n'avoit pas l'idée de ma Preffe avant le mois de Juillet 1784. Or j'avois eu l'honneur d'en préfenter au Roi le premier Modèle dès le 7 Mai précédent ; & ce fut le 2 Juillet fuivant, que S. M. daigna agréer le Modèle qu'Elle m'avoit ordonné de faire exécuter pour fon Cabinet. (Voyez *Gazette de France*, 8 Juillet 1784.)

D'après cela, que l'on juge fi c'eft au Sr Genard que l'on doit l'invention de cette utile Machine.

La fuppreffion du petit levier, ainfi que les divers changemens qu'il lui a plu de faire, fuffifent pour prouver fon talent en mécanique.

l'avantage de ce moyen qui ne donne aucun embarras, & dont l'effet eft cependant fi grand. C'eft à ceux qui manipulent eux-mêmes, qu'il eft donné de fentir la différence de ces moyens & leur utilité.

L'ouvrier appuie fur cette manivelle, fait baiffer le levier *D D D* qui a fon centre de mouvement fur le montant du train de derrière de la Preffe, ainfi qu'on le voit. Le levier emmène avec lui le tirant *N* fixé à une chaîne plate qui paffe fur la circonférence du quart de cercle *A*. Celui-ci, en baiffant, fait tourner un arbre fur lequel il eft fixé à fon centre, & avec lui une portion de courbe, que je nomme *limaçon*, qui preffe fur le bout de l'arbre de la platine.

Cet arbre *B* paffe au travers du fommier *M* à frottement doux, & fait baiffer avec lui la pièce de cuivre *a*, dont on donnera plus bas les détails, & avec elle la platine *b* qui donne le foulage à l'impreffion.

Il falloit déterminer l'arbre à remonter, afin de relever la platine : c'eft ce qu'on obtient au moyen de l'arc de fer *C* placé au deffus du fommier *M*, & par la branche de fer placée au centre du quart de cercle *A* à laquelle eft fixée une tringle de fer *o o o* tenant de l'autre bout à un levier horizontal, dont le point de fufpenfion eft fur l'un des montants de derrière, & qui porte un contre-poids *p* à fon extrémité. Ce contre-poids remet le levier *D D D* à fa hauteur. Tout ceci ne fauroit être vu dans cette planche, mais deviendra plus fenfible par l'explication des développemens.

Sur le devant du montant *E* du berceau de la Presse est une tringle de fer *g g* adoucie, afin de rendre plus léger le frottement du grand levier *D D D*, qui sans cela useroit bientôt le montant contre lequel il frotte sans cesse.

Sur la jumelle du même côté est une garde de fer *h* pour empêcher le levier *D D D* de venir en avant, & pour déterminer à-peu-près le chemin qu'il parcourt de haut en bas.

Quand le coup de presse est donné, l'ouvrier retourne la manivelle vers sa gauche, & l'amène en *F*, pour qu'elle ne le gêne pas lorsqu'il va développer la frisquette & le tympan, retirer la feuille imprimée, & en placer une blanche : pour retirer la forme de dessous la platine, il tourne la petite manivelle en sens contraire de la première fois ; ce qui fait reculer le train, & l'amène au point où la figure le représente.

Les chevilles *G* en fer-à-cheval & d'une seule pièce sont de fer & servent à porter les balles. On met ordinairement deux grosses chevilles de bois dans la jumelle, ce qui l'affoiblit en cet endroit, & n'est pas aussi propre que ces crochets d'une seule pièce retenus par trois vis à bois. J'ai fait aussi placer au dessus des chevilles une plaque de tôle arrondie en avant sur les côtés, 1° afin d'empêcher les balles de tomber ; 2° pour éviter qu'elles ne noircissent les jumelles ; 3° pour qu'elles n'y fassent pas un creux, ce qui arrive au bout d'un certain tems. Cette plaque, que je nomme garde-balles, n'est pas ici

D

repréſentée, parce que ce n'eſt pas une pièce néceſſaire, mais ſeulement utile, & qu'on peut adopter, ſi on le juge à propos.

La Figure première , *Planche* II , repréſente la Preſſe en coupe ſur la largeur, & dénuée du chevalet, du berceau & du train de derrière. On n'a conſervé que les jumelles & les pièces qui y tiennent.

A eſt le quart de cercle garni, comme on le voit, de plaques de fer à chacun de ſes angles ſur les deux faces, pour en aſſurer les aſſemblages, incruſtées dans le bois de toute leur épaiſſeur, & fixées avec des vis à bois à tête perdue. Ce quart de cercle ſeroit beaucoup mieux & plus léger, conſtruit en fer d'une ſeule pièce. La pièce du centre *P* eſt beaucoup plus épaiſſe , afin de retenir ſolidement l'arbre qui porte le limaçon : la petite tige formant l'autre rayon horizontal, eſt entrée dans l'épaiſ-ſeur du bois, & tient à la plaque qui la couvre.

La tringle *o o o* eſt arrêtée à ſon extrémité : on va bientôt voir comment.

Au deſſus du ſommier *O* qui aſſemble les jumelles *I I* par le haut, eſt une pièce de fer *i* de neuf lignes d'épaiſſeur & de deux pouces & demi de largeur, miſe ſur champ, pour empêcher le ſommier d'en haut de fléchir & de caſſer. Cette pièce de fer eſt retenue en dehors des jumelles au moyen de deux écrous à chapeau , ainſi qu'on le voit, & de deux étriers de fer *k* de neuf lignes d'épaiſſeur, retenus par les boulons des deux ſommiers

& incruftés de toute leur épaiffeur dans les jumelles. On peut voir un de ces étriers fous la même lettre, *Planche* I (1).

Le fommier d'en haut, celui du milieu, & la traverfe qui retient le pied des jumelles vis-à-vis les patins, font retenus par des boulons qu'on nomme *vis à la Romaine*, c'eft-à-dire, dont la tête eft percée pour recevoir une clef, & la ferrer par ce moyen. Il eft inutile de dire que les écrous qui reçoivent ces vis, font noyés dans les trois pièces, à fix pouces des épaulemens.

C eft l'arc de fer qui relève l'arbre & la platine. Mais, fi les extrémités de cet arc, quoiqu'un peu recourbées, *Fig*. III, euffent porté fur le fommier *M*, celui-ci eût été bientôt ufé, & le frottement auroit été trop rude. C'eft pour cela que j'ai fait pratiquer fur le fommier & contre les jumelles, deux augets de cuivre *m m*, dont la coupe eft repréfentée *Fig*. III, & la forme géométrale,

---

(1) La réaction de la preffion eft fi confidérable, que le fommier d'en haut, qui porte fix pouces d'équarriffage, quoique bien affemblé dans les jumelles, s'étoit fendu en quatre endroits. J'avois cru, par le moyen de cette barre de fer, me rendre maître de la réaction ; mais cette barre même arquoit lors de la preffion. Je me fuis déterminé depuis à joindre les fommiers d'en haut & du milieu par quatre boulons de fer : ils traverfent les deux fommiers par les trous faits dans les plaques qu'on voit au deffus & au deffous de chaque fommier. Depuis cette correction, le fommier d'en haut eft invariable, & toute la force fe trouve en pur gain pour la preffion. J'y ai trouvé en outre l'avantage de tirer parti du fommier du milieu, qui ne fervoit d'abord que de conduire à l'arbre, & qui actuellement eft encore utile à fortifier le fommier d'en haut.

On ne peut pas voir les quatre boulons dans les planches gravées, parce qu'ils ont été placés depuis la gravure ; mais on peut aifément fe les figurer.

Fig. VIII. On voit que trois des quatre côtés font relevés & forment une efpèce de baffin qui retient l'huile qu'on y met pour adoucir le frottement & contenir l'arc, s'il cherchoit à s'échapper. Si le fond de cette efpèce de baffin étoit horizontal, l'huile fe répandroit bientôt fur le fommier, & de-là fur le tympan & fur la forme. Mais le fond eft en pente vers la jumelle : par ce moyen l'huile retombe toujours vers la partie la plus baffe, & le bout de l'arc en eft fuffifamment abreuvé.

I, Fig. II, au haut du quart de cercle, eft le point où la chaîne qui tire eft fixée fur fa circonférence.

N, Fig. I, eft le tirant : *h* eft la garde qui contient le grand levier.

La *Fig.* II repréfente la Preffe coupée par la moitié fur fa longueur, & vue par dehors, c'eft-à-dire, du côté oppofé à celui où fe tiennent les ouvriers. *A* eft le quart de cercle garni de fer. *O M* font les deux fommiers qui affemblent les jumelles par le haut : au deffus eft une coupe de la pièce de fer *i* qui l'empêche de plier. *Q* eft le limaçon. *B* eft l'arbre qui le porte. *R R* font les deux porte-couffinets dans lefquels l'arbre roule. *C* eft l'arc ou reffort de fer qui fait remonter l'arbre & la platine.

La partie d'en haut de l'arbre *B* eft quarrée, & quoique le bas de mon arbre foit rond, il vaut mieux le faire quarré dans toute fa longueur.

M eft le fommier du milieu dans lequel paffe l'arbre.

On voit de quelle manière cet arbre eft ajufté & repofe fur la boîte de cuivre qui embraffe une boule de fer *q*

fixée au croisillon *n* qui entretient la platine. Cet ajus-
tement de la boule permet à la platine de se prêter aux
petites inégalités qui peuvent se rencontrer sur le niveau
de la forme, du marbre, du coffre, des crampons & des
bandes.

r est une partie de la jumelle dont le haut est supprimé.
S S est une garde qui entretient le levier *T T* qui porte le
contre-poids *U*. On voit que le centre du mouvement de
ce levier est sur un montant de derrière. On détaillera
plus bas de quelle manière la tringle *o o o* y est attachée. On
sent qu'il est facile de placer le contre-poids plus près ou
plus loin du point d'appui, au moyen de l'étrier & de
la vis qui y sont.

La *Fig.* III représente plus en grand, & suivant l'échelle
des détails, le limaçon *Q* sur son coussinet *s* que nous
ne pouvons détailler que sur cette figure, parce qu'il ne
peut s'appercevoir dans les autres. On y voit de plus
l'arc *C*, le sommier *M* dans l'épaisseur duquel l'arbre
passe, l'armature de ce sommier, l'ajustage de l'arbre sur
la boîte de cuivre, la manière dont cette boîte est faite
& dont elle embrasse la boule.

R est un des porte-coussinets dans lequel roule l'arbre *V*,
Fig. II. C'est une pièce de fer, évuidée en fourchette,
dans laquelle entrent des coussinets de cuivre qui pro-
curent à l'arbre un mouvement doux en même tems que
juste. On les détaillera dans un instant.

L'arbre qui porte le limaçon, a pour longueur totale
l'épaisseur du sommier d'en haut; plus, ce qu'il faut pour

E

entrer à quarré dans la pièce du centre du quart de cercle,
& eſt terminé par une vis, au moyen de laquelle & de
ſon écrou à chapeau, le quart de cercle eſt retenu
ſolidement en ſa place. Ainſi l'arbre eſt rond par un bout;
c'eſt ce qu'on nomme un collet : enſuite eſt un quarré
qui entre juſte dans le centre du limaçon : puis, un
épaulement contre lequel appuie ce limaçon : après cela,
un collet rond de la groſſeur du premier, & ayant pour
longueur l'épaiſſeur des couſſinets qui doivent le recevoir.
Après ce collet eſt un renflement, puis un quarré qui
reçoit le quart de cercle, & enfin une vis qui reçoit
l'écrou à chapeau, lequel preſſe ce quart de cercle contre
l'épaulement, & l'y aſſujettit. On peut ſuivre tous ces
détails ſur l'arbre *V V*, *Fig*. II.

La pièce de fer *X* qui couronne l'arbre, a une entaille;
au fond de cette entaille eſt un couſſinet d'acier trempé,
ſur lequel gliſſe le limaçon. Cette pièce s'ajuſte ſur le
quarré ſupérieur de l'arbre, & y eſt retenue au moyen
d'une goupille ou forte clavette de fer *t*, *Fig*. III. Alors
elle ne fait plus qu'un avec l'arbre lui-même; mais il falloit
qu'un bourrelet ou renflement *u* repoſât ſur l'arc *C*, afin
que celui-ci en ſe détendant, pût emmener l'arbre avec
lui. C'eſt ce qu'on voit ſur les *Fig*. I & II.

Au deſſus & au deſſous du ſommier *M* dans lequel
paſſe l'arbre, eſt une platine de fer d'environ trois lignes
d'épaiſſeur, noyée à fleur de ſommier, & retenue par
des vis à têtes & à écrous à chapeau, afin que le frottement
ne ſe faſſe pas dans le bois, & qu'il ſoit plus doux. On

a mis de pareilles plaques au fommier d'en haut, afin de fixer les porte-couffinets de l'arbre du limaçon.

Comme le mouvement du limaçon tend à porter la pièce fur laquelle il gliffe, & l'arbre lui-même, vers le côté oppofé au point Q, *Fig.* III, à caufe de l'effort excentrique, j'ai, depuis l'exécution de cette Preffe, fait faire une boîte de cuivre en deux parties, qui embraffent le quarré de l'arbre, & qui, au cas qu'elles prennent du jeu, ont, au moyen de ce que la boîte eft en deux parties, la faculté de fe rapprocher par le fecours de deux vis qui tendent à les ferrer l'une contre l'autre. Cette boîte s'oppofe donc à l'effort de côté que le limaçon tend à donner à l'arbre.

La boîte de cuivre *a* fur le deffus de laquelle eft ajufté à quarré le bout inférieur de l'arbre, eft fondue de trois morceaux qu'on va détailler.

La *Fig.* IV repréfente la partie fupérieure de cette boîte, vue en deffous. La *Fig.* V repréfente les deux morceaux dont eft formée la partie d'en bas, & qui font joints l'un à l'autre au moyen des vis *y y y y*. La *Fig.* VI repréfente la coupe de ces trois pièces réunies. *y y* eft une des vis qui affemblent les deux pièces de la partie d'en bas, & *z z* font deux autres vis qui joignent la partie inférieure à la partie fupérieure. Par ce moyen toute efpèce de balottement eft anéantie, & la boule de fer eft parfaitement embraffée.

On a repréfenté à part, *Fig.* VII, un des deux morceaux de la partie inférieure de la boîte.

On peut remarquer *Fig.* VI, en *x x*, le trou quarré qui reçoit le bout quarré de l'arbre, & le trou dans lequel paſſe la clavette qui joint le tout enſemble : cette clavette eſt vue en place en *Y Y*, *Fig.* III.

Le croiſillon de fer qui porte ſur la platine, doit être parfaitement dreſſé par deſſous, afin de ne faire éprouver aucun gauchiſſement à cette platine, qui elle-même doit être parfaitement dreſſée, & miſe d'épaiſſeur dans toutes ſes faces.

Ce croiſillon doit être forgé d'un ſeul morceau, & chaque branche renforcée vers le centre. A ce centre eſt un trou quarré, qui reçoit la queue quarrée & rivée en deſſous de la boule. Cette boule doit être tournée avec grand ſoin, parfaitement adoucie à l'émeri, & preſque polie, pour que le mouvement du genou qu'elle exerce dans ſa boîte, n'éprouve point de ſecouſſes, comme il arrive ſouvent à la tête d'un compas mal faite.

On peut, en ſerrant ou deſſerrant tant ſoit peu les vis ꝣ ꝣ, *Fig.* III & VI, qui aſſemblent la boîte, rendre le mouvement ou plus doux ou plus dur, ſelon qu'on le juge à propos.

La platine eſt de bois de noyer, d'une ſeule pièce ſur ſa largeur & ſur ſa longueur, & de deux pièces à contre-fil ſur ſon épaiſſeur. Le bois dont elle eſt faite eſt parfaite-ment ſain, ſans nœuds ni gerçures. Elle eſt fixée au croiſillon au moyen de quatre vis à tête quarrée, noyées dans la ſurface inférieure, entre les deux épaiſſeurs de bois, paſſant dans le bout des croiſillons, & retenues par des écrous à chapeau. La partie à contre-fil, qui recouvre les têtes des vis, doit être de plusieurs pièces collées à plat-joint, & de bois de chêne bien sec. Il faut avoir la précaution d'abreuver d'huile toute la platine quand elle est bien dressée, afin qu'elle ne soit pas dans le cas de voiler & de se déjeter dans les tems de sécheresse ou d'humidité.

Il est inutile de faire observer que, quand le quart de cercle tourne, l'arbre sur lequel il est fixé tourne aussi, & emmène avec lui le limaçon dont les rayons depuis le point de repos, jusqu'au point Q, vont toujours en augmentant, ce qui force l'arbre & la platine à descendre.

Voici comment est faite la pièce qui porte les coussinets dans lesquels roule l'arbre qui porte le quart de cercle & le limaçon.

J'ai fait forger une plaque de fer d'une épaisseur suffisante pour avoir de la solidité. J'en ai fait relever les extrémités à l'équerre, de sorte que le fond a à-peu-près un pouce de moins que l'épaisseur du sommier, en dessous de laquelle elle est très-solidement fixée, attendu que cette pièce reçoit le plus grand effort.

Chacun des côtés étant dressé tant sur le plat & sur ses faces, que relativement à l'autre côté, on a pratiqué à chaque côté un enfourchement bien calibré de largeur, & qui reçoit comme une languette, chaque paire de coussinets de cuivre, bien dressés, & dont le trou destiné à recevoir l'arbre doit être juste du même diamètre : mais les deux coussinets étant en place, & l'arbre y étant, ne

F

doivent pas fe joindre, afin de pouvoir ferrer à mefure que le trou s'ufera. On a pratiqué fur l'épaiffeur de ces couffinets de chaque côté, une rainure qui reçoit bien jufte & fans balottement, la languette des côtés de la pièce de fer.

On attache à tenons & mortaifes avec des goupilles à chaque fourchette, une traverfe auffi de fer, & dans le milieu de laquelle eft un trou taraudé à pas fins. Une vis de preffion force les couffinets à fe rapprocher, & par conféquent à embraffer l'arbre auffi jufte qu'on le defire. C'eft cette pièce qu'on voit en *& &*, *Fig.* II.

Comme la preffion fe fait fur les caractères au moyen du grand quart de cercle, il étoit néceffaire de le faire tourner d'une manière uniforme & invariable. Une fangle, une forte courroie ont pu remplir cet objet quelque tems ; mais elles fe font allongées, & bientôt le levier s'eft trouvé trop bas. J'ai donc fait faire une chaîne, *Fig.* IX, dont tous les chaînons portent alternativement deux charnons & deux rainures. Les charnons étant ronds, bien ajuftés & goupillés avec foin, font l'effet de la chaîne d'une montre, effet qu'il eft aifé de faifir à l'infpection des *Fig.* IX & X. On peut fubftituer à cette chaîne un fort reffort de pendule, qui fera infiniment moins difpendieux & qui remplira abfolument le même but.

Au commencement de cette chaîne, *Fig.* IX, eft un œil propre à recevoir une forte goupille qui eft retenue par une pièce de fer *l*, *Fig.* I, & au bas eft une efpèce de boucle ou chaffis, au bas duquel on a réfervé affez de largeur & d'épaiffeur pour pouvoir le tarauder, comme on le voit *Fig.* X , afin de pouvoir allonger ou raccourcir le tirant *N*, & par ce moyen tenir le grand levier toujours à la même hauteur. On peut voir fur la *Planche* I , de quelle manière ce tirant tient au grand levier , ainfi que la boucle qu'on a pratiquée à la tringle *o o o* qui relève le contre-poids.

J'avois remarqué depuis long-tems que la charnière du tympan, quelque bien ajuftée qu'elle fût au coffre , prenoit du jeu en peu de tems , à caufe du mouvement continu que cette partie de la Preffe éprouve : ce défaut de jufteffe influe certainement fur celle du regiftre. Pour y remédier, j'ai fupprimé les charnières telles qu'on les fait ordinairement, & j'y ai fubftitué un moyen qui garantit le tympan de tout balottement. J'ai fait pofer fur le coffre même une partie de charnière faite de tôle affez épaiffe pour recevoir le taraudage , & telle qu'on la voit en *Z* , *Fig.* XII. Le tympan porte un bourrelet de la groffeur de la partie λ λ comme on le voit *Fig.* XI : à ce bourrelet eft un trou de forme conique qui reçoit une pointe de même forme μ μ , *Fig.* XII & XIII , qui ferre , autant qu'on le veut , le tympan ; en forte que , lorfqu'il prend du jeu , on ferre un peu la vis qu'on empêche de fe détourner au moyen d'un contre-écrou π π qui prévient toute efpèce de jeu. Il faut obferver que la pointe conique doit entrer dans un trou de pareille forme : mais , pour éviter que la pointe ne s'ufe , on pratiquera au fond du trou conique , un autre trou cylindrique de deux lignes de diamètre , & de cinq ou fix de profondeur. Par ce moyen , le frottement ne s'opérera que fur la partie forte du cône. On pourra nourrir d'huile cette pointe, par un trou de foret qu'on fera fur la partie de charnière qui tient au tympan.

Après avoir détaillé, autant que j'ai pu, chacune des pièces de cette nouvelle Preffe, il me refte à en dé-montrer l'utilité.

AVANTAGES
DE CETTE NOUVELLE PRESSE.

CETTE nouvelle Preſſe réunit trois avantages principaux, relatifs

I°. AU TRAVAIL.
II°. AU LOCAL.
III°. A LA DÉPENSE PREMIÈRE ET A CELLE D'EN-
TRETIEN.

De ces trois avantages réſultent quelques autres que je vais détailler.

I°. AVANTAGES RELATIFS AU TRAVAIL.

1°. Elle diminue infiniment la fatigue de l'ouvrier.

2°. Elle met l'ouvrier à l'abri des accidens.

3°. Elle imprime la forme d'un ſeul coup.

4°. Il n'y a point de tems perdu, & la vîteſſe de cette machine donne par ſes réſultats plus du quart de bénéfice ſur les Preſſes ordinaires.

5°. La Platine preſſe toujours dans le paralléliſme le plus exact.

6°. On peut graduer la preſſion, & ſon égalité ſera indépendante de la volonté de l'ouvrier.

G

7°. Le tympan est d'une justesse invariable, malgré ses frottemens successifs.

8°. On peut y imprimer d'un seul coup, même du papier appelé *Nom de Jesus.*

1°. *Elle diminue infiniment la fatigue de l'ouvrier.*

Il suffit de voir le pressier s'étendant sur le barreau des Presses ordinaires, le tirant avec force, se renversant en arrière, & abandonnant tout le poids de son corps, en se piétant contre un marche-pied en talus, qui se trouve sous le train de la Presse ; il suffit, dis-je, de voir ces mouvemens pour juger de la fatigue des ouvriers employés aux Presses ordinaires. Au contraire, dans celle-ci, rien ne ressent la contrainte, la peine. Car l'ouvrier, au moment de la pression, paroît être, & est effectivement dans un état de repos. Celui qui presse, met seulement son corps hors d'à-plomb, en s'abandonnant sur le levier, plus ou moins, suivant l'étendue de la forme qu'il tire ; & cela suffit pour opérer une très-forte pression. Cette nouvelle méthode le dispense donc de la tension violente des muscles de l'épaule droite, qui étant presque toujours en exercice, prenoient un accroissement tel, qu'insensiblement l'épaule droite des pressiers devenoit plus haute que la gauche. On s'apperçoit aisément de cette différence, quand on veut y faire quelqu'attention.

Les pressiers qui ont quelque disposition à devenir poitrinaires, trouveront dans cette nouvelle machine un grand soulagement.

Enfin on peut fe flatter que, la grande fatigue que donnoient les Preffes à vis & à barreau une fois fupprimée, la fanté des ouvriers employés à cette partie du travail, fera plus affurée. C'eft une des récompenfes les plus douces que je puiffe efpérer de ce nouveau procédé.

2°. *Elle met l'ouvrier à l'abri des accidens.*

Le barreau étant un morceau de fer d'environ deux pieds de longueur, il arrivoit fouvent qu'il caffoit, & quelquefois tout net, quand il n'étoit pas de bonne qualité, ou quand il avoit été mal corroyé, fur-tout, fi l'ouvrier s'abandonnoit trop violemment en le tirant à lui. On peut juger combien cette rupture étoit dangereufe.

On pourroit encore ajouter que l'ouvrier avoit la main droite pleine de durillons caufés par le frottement continuel de cette main fur le manche du barreau. Les ouvriers qui travaillent à la nouvelle Preffe, ont au bout de fix femaines vu diminuer fenfiblement ces durillons, & actuellement ils n'en ont plus, par la raifon que la poignée du levier fur lequel ils s'appuient, eft mobile.

3°. *Elle imprime la forme d'un feul coup.*

Je ne préfente pas cet avantage comme appartenant exclufivement à cette nouvelle Preffe ; il y a long-tems que ce moyen étoit connu, & fi l'on a diminué la grandeur des platines pour tirer la forme à deux coups, c'étoit pour diminuer la fatigue de l'ouvrier : mais fans con-

tredit, c'eſt un avantage réel; & quand on l'obtient par un
moyen auſſi peu fatigant, on ne doit pas héſiter de l'em-
ployer. Il eſt certain qu'il eſt infiniment plus expéditif,
& rend l'impreſſion plus parfaite, puiſqu'il empêche le
doublage.

*4°. Il n'y a point de tems perdu, & la vîteſſe de cette
machine donne par ſes réſultats plus du quart de
bénéfice ſur les Preſſes ordinaires.*

Quand l'ouvrier avoit roulé ſon train, il falloit qu'il ſe
relevât & qu'il allât chercher le manche de ſon barreau, en
s'étendant de la longueur de deux pieds ou environ. Ce
mouvement ſe répète deux fois pour chaque feuille. Dans
la nouvelle Preſſe, au contraire, tandis qu'il roule ſon
train, il relève en même tems le petit levier, & à peine
le train a-t-il été conduit ſous la platine, qu'à l'inſtant
l'ouvrier opère la preſſion. Il s'enſuit que la diligence
eſt beaucoup plus conſidérable ; & ce qui le prouve
encore mieux que tous les raiſonnemens, c'eſt que ſur
douze heures employées à un travail aſſidu ſur les Preſſes
ordinaires, la nouvelle, au bout de ſix ſemaines, a gagné
par jour plus d'une heure & demie de vîteſſe.

Les ouvriers qui l'occupent aujourd'hui, tirent par
heure 336 feuilles, au lieu de 250 qu'ils tireroient ſur
une Preſſe ordinaire. Ainſi, ſur douze heures de travail,
la différence eſt de 1032 feuilles ; par conſéquent le bénéfice eſt d'un tiers : mais j'aime mieux ne porter qu'au

quart en fus la diligence de cette nouvelle machine fur
les Preffes ordinaires, quoique je me fois affuré par moi-
même de ce réfultat, & qu'on puiffe en efpérer peut-être
un plus fatisfaifant encore, quand les ouvriers feront
accoutumés à ce nouveau genre de travail.

5°. *La Platine preffe toujours dans le parallélifme le plus exact.*

Jufqu'ici la platine étoit fufpendue par fes quatre
angles, afin qu'elle pût être invariable; on avoit même
fur fes côtés fixé deux verges de fer, qui, montant &
defcendant dans deux couliffeaux de cuivre, la main-
tenoient perpendiculairement : mais la juftefle du parallélifme ne pouvoit s'acquérir qu'avec beaucoup de foin
& de tems. Par la nouvelle méthode, la platine fe place
toute feule; & quand même les vis fupérieures ne la
ferreroient pas, pourvu qu'elle ne s'arrêtât pas à l'entrée du tympan, elle fouleroit néanmoins par-tout
avec la plus grande égalité. J'ai démontré à plufieurs
perfonnes, en foulevant la platine d'un côté, qu'elle fe
replaçoit d'elle-même au moment de la preffion. Voici la
manière de la fixer. Le train étant roulé, l'un des deux
preffiers s'appuiera fur le levier, & l'autre avec la clef
ferrera les deux vis de la boîte ; alors la platine demeu-
rera parallèle tant qu'on voudra.

H

6°. *On peut graduer la pression, & son égalité sera indépendante de la volonté de l'ouvrier.*

Cet avantage s'obtiendra aisément en faisant au pied, au long duquel descend le grand levier, différens crans de distance en distance. On y passera une cheville qui empêchera le grand levier de descendre plus bas.

Ce moyen ne peut guère être employé que par des ouvriers mal-adroits; car un bon ouvrier, qui a une fois pris la proportion de son coup, ne se trompe plus, tant que dure son tirage.

7°. *Le tympan est d'une justesse invariable malgré ses frottemens successifs.*

Jusqu'ici le tympan & le coffre étoient unis par une charnière composée de deux parties, dont l'une adhérente au coffre, l'autre au tympan.

Comme il faut à chaque feuille baisser le tympan & le relever, il s'opère deux frottemens. Si donc la journée de l'ouvrier est de quinze cents feuilles tirées des deux côtés, ou de trois mille de tirage, pour me servir de l'expression commune, il s'ensuit que cette charnière éprouve six mille frottemens. Or on peut juger combien au bout d'un mois, cent quatre-vingt mille frottemens doivent user cette partie. Cependant il eſt très-eſſentiel qu'elle ſoit parfaitement juſte, à cauſe de la retiration (1).

Pour y parvenir, au lieu d'une charnière, j'y ſubſtitue deux pivots. Aux deux angles du coffre eſt un charnon fixe, taraudé dans toute ſa longueur. Ce charnon eſt de deux pouces. Au tympan & en regard de ce charnon, il en eſt un autre parfaitement correſpondant à celui du coffre. Celui-ci eſt percé en cône. Au ſommet de ce cône eſt un trou de foret de cinq à ſix lignes. En introduiſant le pivot à vis, dont la pointe eſt conique, on ſent que les deux charnons tournant bien rond, & moyennant un contre-écrou, on eſt ſûr de ne le ſerrer qu'autant qu'on le veut. Or, ſi par le frottement ſucceſſif les deux charnons s'uſent, alors on tourne le pivot autant qu'il eſt néceſſaire pour rétablir la juſteſſe.

Il eſt aiſé de juger combien ce changement eſt utile & peu diſpendieux. Avec ce moyen ſimple, on eſt certain d'avoir une retiration bien exacte, & même de tirer pluſieurs fois la même feuille ſans doubler. La charnière la

---

(1) J'ai fait tirer une même feuille vingt-cinq fois de ſuite, en ne la touchant qu'à la première fois ; enſuite j'ai fait tirer une pareille feuille, auſſi vingt-cinq fois de ſuite, en la touchant à chaque fois : ces feuilles, dans l'un & l'autre cas, quoique le tympan ait été relevé à chaque tirage, n'ont cependant pas doublé. Cette expérience prouve la parfaite juſteſſe du tympan, & combien les pivots que j'ai ſubſtitués à la charnière, ſont utiles pour l'obtenir : on en éprouvera ſur-tout les avantages pour les travaux qui exigent une grande préciſion, comme les ouvrages qui ſe tirent rouge & noir, & la Muſique, dont les portées & les notes ſe tirent à deux fois.

plus parfaite ne peut avoir cet avantage après quelques mois de fervice.

8°. *On peut imprimer d'un feul coup, même du papier appelé* Nom de Jefus.

Après avoir fait quelques effais fur des ouvrages ordinaires, j'ai voulu juger de l'effet de cette machine en lui foumettant un Placard de Gros-Romain non interligné, grandeur de *Nom de Jefus*, avec un pouce feulement de marge au pourtour. Comme ce format ne peut guère fe tirer fur des Preffes ordinaires de grande dimenfion, qu'à deux bras, à trois coups, & avec une grande fatigue , j'ai penfé que fi je réuffiffois pour cet objet, je pourrois tout entreprendre fur cette nouvelle Preffe. Mon vœu s'eft trouvé rempli au-delà de mes efpérances : car non-feulement le Placard à été bien imprimé , mais encore les ouvriers en ont tiré le premier jour treize cents, & le fecond jour quatorze cents exemplaires , ce qu'ils n'auroient pas pu faire, de leur aveu même, par le mécanifme ordinaire , & ils ont imprimé la feuille d'un coup, avec beaucoup moins de fatigue que par les moyens connus.

Ce Placard a été réimprimé cette année ; il eft encore plus grand, & cependant les ouvriers en ont tiré 1500 exemplaires par jour.

II°. Avantages relatifs au local.

1°. Elle occupe moins de place.

2°. Elle n'intercepte pas le jour par la fuppreffion des étançons, & par conféquent elle procure de l'économie fur la lumière.

3°. Elle eft facile à monter & à démonter.

4°. Elle eft aifée à déplacer.

5°. Elle facilite les étendages.

6°. Elle n'ébranlera pas les maifons, & ne chargera pas les planchers.

1°. *Elle occupe moins de place.*

On compte ordinairement fept pieds quarrés pour la place qu'occupe une Preffe. La nouvelle occupe, à la vérité, fept pieds de longueur, mais feulement quatre de largeur, y compris la place de l'ouvrier. Cette économie du terrein eft affez grande pour mériter quelque confidération.

2°. *Elle n'intercepte pas le jour par la fuppreffion des étançons, & par conféquent elle procure de l'économie fur la lumière.*

Les étançons jufqu'ici dans la plupart des Imprimeries où il y a double rang de Preffes, interceptoient le jour, de manière qu'il falloit fouvent de la lumière pendant la plus grande partie de la journée. La nouvelle Preffe au contraire, quoique de la hauteur de cinq pieds & demi, ne cache point le jour, & le cachera encore moins par la fuite, fi l'on veut, puifqu'elle peut être réduite à quatre pieds de hauteur. L'économie fur la lumière eft d'ailleurs un objet d'affez grande conféquence pour qu'on y faffe quelqu'attention.

3°. *Elle eft facile à monter & à démonter.*

Toutes les parties de cette nouvelle Preffe étant à vis, il fera aifé de la démonter en une demi-heure au plus, pièce par pièce , & de la remonter dans le même efpace de tems.

4°. *Elle eft aifée à déplacer.*

Cet avantage eft fans doute de quelque prix aux yeux des Imprimeurs dont le local eft peu confidérable : car, fi aujourd'hui on a douze Preffes roulantes, & que demain on ne puiffe en occuper que fix, alors le terrein des fix qui ne travaillent pas eft perdu. Actuellement on pourra s'en fervir en reculant les Preffes inoccupées dans un coin , & mettant à leur place quelques rangs de caffes; ainfi on double fon terrein. Je me propofe même de monter ma Preffe fur trois roulettes tournantes de cuivre. Pour la fixer en place, je ferai établir fur chacun des quatre bouts des patins, une vis à la Romaine, qui fervira en même tems & à foulever la Preffe , ainfi que les roulettes, & à la mettre de niveau. Quand on voudra la déplacer, on lâchera les vis ; & alors la Preffe , ne portant plus que fur fes roulettes , fe promenera facilement.

5°. *Elle facilite les Étendages.*

Dans une pièce occupée par des Presses, il étoit impossible, à cause des étançons, de placer des étendages. A présent cela sera possible, & l'on profitera pour en jouir, du tems que les ouvriers emploient à leurs repas.

6°. *Elle n'ébranlera point les maisons, & ne chargera point les planchers.*

L'effort de la vis ayant une réaction considérable, il s'enfuivoit qu'une Presse faisoit relever l'étançon & le plancher qui lui étoit supérieur, quand l'ouvrier tiroit le barreau. Dorénavant une Presse ayant son effort en elle-même, ne fatiguera pas le plancher inférieur, encore moins le plancher supérieur, avec lequel elle n'aura aucune correspondance. Ainsi les réparations locatives seront moins considérables, & on craindra moins que par le passé de voir occuper ses maisons par un Imprimeur.

III°. Avantages relatifs a la Dépense première, et a celle d'entretien.

1°. Les nouvelles Presses n'excéderont pas le prix de celles qui sont actuellement en usage.

2°. Les réparations seront moins fréquentes.

1°. *Les nouvelles Presses n'excéderont pas le prix de celles qui sont actuellement en usage.*

Le prix ordinaire des Presses est de quatre à cinq cents

livres. Je puis affurer que les nouvelles ne coûteront pas plus, & je fuis même perfuadé qu'un Serrurier, qui en auroit un certain nombre à faire, pourra les exécuter à meilleur marché. Celle que je projette d'établir inceffamment, fera encore moins difpendieufe.

2°. *Les réparations feront moins fréquentes.*

Les frottemens étant prodigieufement diminués dans les nouvelles Preffes, il s'enfuit que les pièces diverfes fur lefquelles ils s'exercent, s'uferont moins; & j'ai acquis la preuve que depuis que la mienne eft en activité, elle ne m'a pas coûté 6 livres en réparations.

CONCLUSION.

J'ai eu, depuis l'exécution de cette Preffe, différentes idées pour la perfectionner; & j'ai en conféquence fait plufieurs modèles, dont deux font fimplifiés en y employant toujours le limaçon, deux autres fans limaçon. Mais poftérieurement à ces trois modèles, j'ai réfléchi à un moyen qui eft bien puiffant; c'eft l'effort du cric. Perfonne n'ignore fon effet prodigieux, ainfi que la facilité furprenante avec laquelle les perfonnes les moins fortes en tirent parti. J'ai cru qu'en le renverfant & le plaçant dans le milieu du fommier, & le faifant mouvoir à l'aide d'un pignon, on pouvoit obtenir une preffion des plus fortes.

J'ai craint cependant de me livrer avec trop de confiance à cette idée, parce que je fais combien il eſt difficile d'atteindre à une juſteſſe parfaite avec l'engrenage. Cependant je crois avoir réuſſi : du moins le modèle que j'en ai fait me paroît devoir obtenir un ſuccès véritable par la manière dont les dents de mon cric ſont faites, ainſi que les fuſeaux de mon pignon. Il n'y a que trois dents à mon cric, & quatre fuſeaux à mon pignon. 1°. Comme les dents ſont fortes & ſur-tout larges, elles ont beaucoup de ſolidité. 2°. La mâchoire qui porte les dents, s'emboîte dans la tête de l'arbre, de manière qu'on peut la changer à volonté, auſſi-tôt que les dents s'uſeront. Quant à la lanterne, elle peut ſe retourner dans le même cas.

Il ne peut y avoir aucun balottement dans ces deux pièces, parce qu'elles ſe portent l'une ſur l'autre avec roideur, & ſemblent chercher à ſe preſſer.

Cependant avant d'exécuter en grand ces différens modèles, je veux attendre que pluſieurs Artiſtes qui actuellement s'occupent de la Preſſe, aient terminé leurs machines. Au reſte, je communiquerai mes modèles avec plaiſir aux perſonnes qui voudront les voir & en tirer parti. Je me propoſe de faire pluſieurs réformes au coffre & au train ; mais j'ai encore quelques réflexions à faire avant d'exécuter mes idées.

D'après les avantages certains qui ſont ici détaillés, on peut eſpérer que les Imprimeurs vraiment zélés, s'empreſſeront d'adopter ce nouveau mécaniſme.

Quant à ceux qui, par eſprit de routine ou d'économie,

K

voudroient perfifter à garder les anciennes Preffes, il fuffit de leur obferver : 1°. Que la routine fera bientôt furmontée par des ouvriers de bonne volonté, qui pour huit jours d'une fatigue légère, fe procureront pour la fuite un travail doux, plus facile & plus prompt. 2°. Qu'il y a une véritable économie de tems, de lumière & de réparations. On en peut efpérer dans la conftruction même de la machine, que des Artiftes intelligens peuvent fimplifier encore.

Au refte, fi je ne fuis pas arrivé à la perfection, je m'applaudirai au moins d'avoir fait ce premier pas; & fi je ne fuis pas affez heureux pour fupprimer entièrement la fatigue à laquelle font condamnés les hommes qui fe deftinent à cette partie du travail, j'aurai du moins la fatisfaction d'avoir fait ce que j'ai pu pour y parvenir.

NOMENCLATURE

Des Principales Pièces de la Nouvelle Presse.

A . . . . Quart de cercle.

B . . . . Arbre sur lequel presse le limaçon.

C . . . . Arc servant de ressort pour faire remonter la platine.

D D D. Grand levier.

E . . . . Manche du petit levier.

F . . . . Petit levier qui se tenant au grand levier, se relève au moment où il faut presser.

G . . . . Chevilles des balles en fer montées sur un fer-à-cheval.

H H H. Ligne que parcourt le petit levier lorsqu'on le relève pour opérer la pression.

I I . . . Jumelles.

K . . . . Point jusques auquel se relève le petit levier *F*.

L L . . . Consoles de bois debout qui soutiennent le sommier d'en bas.

M . . . Sommier du milieu.

N . . . . Tirant du quart de cercle.

O . . . . Sommier d'en haut.

P . . . . Pièce du centre du quart de cercle par laquelle passe l'arbre du limaçon.

Q . . . . Limaçon.

R R . . Porte-coussinets de l'arbre du limaçon.

S. . . . Garde de fer le long de laquelle gliffe le levier du contre-poids.

T. . . . Levier du contre-poids.

U. . . . Contre-poids qui rappelle le quart de cercle à fon repos , & relève le grand & le petit levier.

V. . . . Arbre du Limaçon. (*Toute la partie de fa monture étant trop confufément repréfentée dans la fig. II , jai cru devoir en donner le développement , Planche II , entre les fig. I & II.*)

X. . . . Tête de l'arbre de preffion qui eft entaillée & qui a deux joues , entre lefquelles on place le couffinet fur lequel le limaçon fait fa révolution.

Y. . . . Clavette de la boîte du genou de la platine.

Z. . . . Charnon taraudé dans lequel paffe le pivot à vis tenant lieu de la charnière du tympan.

a . . . . Boîte de cuivre qui contient la boule qui foutient la platine, & fert de genou.

b . . . . Platine.

c . . . . Tympan.

d . . . . Frifquette.

e . . . . Forme placée fur le coffre.

f . . . . Manivelle du rouleau.

g . . . . Petite bande de fer fur laquelle gliffe le grand levier lors de la preffion.

h . . . . Garde de fer qui retient l'écartement du grand levier *D.*

i . . . . Pièce de fer placée fur champ & fur le fommier d'en haut pour le confolider.

k . . . . Étrier de fer qui retient la pièce de fer *i* le long des jumelles.

l . . . . Point où eft attachée la chaîne plate qui fe joint au tirant.

m m. . . Augets de cuivre qui contiennent les bouts du reffort *C* , & qui renferment de l'huile néceffaire à fon jeu.

n . . . . Croisillon qui tient à la boule de la boîte, & auquel est
   attachée la platine.

$o\,o\,o$ . . Tirant du levier du contre-poids.

p . . . . Point de repos du contre-poids quand le grand levier est
   remonté.

q . . . . Boule de fer fixée au croisillon qui est noyée dans la boîte
   de cuivre.

r . . . . Partie de la jumelle dont le haut est supprimé.

s . . . . Coussinet d'acier bien trempé sur lequel le limaçon fait
   sa révolution.

t . . . . Clavette qui joint la tête de l'arbre de pression avec l'arbre.

u . . . . Bourrelet de cuivre qui retient l'arc C.

x . . . . Ouverture de la partie supérieure de la boîte dans laquelle
   entre le bout inférieur de l'arbre de pression.

y . . . . Boulons qui assemblent les deux moitiés de la partie
   inférieure de la boîte.

z . . . . Boulons qui assemblent la partie supérieure & la partie
   inférieure de la boîte.

$\&$ . . . . Vis qui pressent les coussinets sur lesquels roule l'arbre
   du limaçon.

$\lambda\,\lambda$ . . . Bourrelet fixé au tympan & percé en cône dans lequel
   roule la pointe ou pivot servant de charnière.

$\mu\,\mu$ . . . Partie des pivots.

$\varpi\,\varpi$ . . . Tête des pivots qui est percée de manière à les serrer ou
   desserrer à volonté par le moyen d'une clef.

F I N.

EXTRAIT DES REGISTRES

DE L'ACADÉMIE ROYALE

DES SCIENCES.

Du dix-huit Mars mil sept cent quatre-vingt-six.

M. Pierres, Premier Imprimeur Ordinaire du Roi, ayant lu à l'Académie la Description d'une nouvelle Presse, & ayant désiré que des Commissaires examinassent les changemens qu'il a faits à l'ancienne, la Compagnie a chargé de cet Examen M. le Président de Saron, M. le Duc de la Rochefoucauld, M. l'Abbé Bossut & moi.

Le premier de ces changemens, celui qui nous paroît le plus important, a pour objet le mécanisme de la pression. M. Pierres ayant supprimé le mouvement de la vis & du barreau des anciennes Presses, l'a remplacé par une espèce de limaçon qui fait descendre la platine, lorsque, mû par un levier dont l'effort est dans le sens vertical, il présente un plus grand axe sur le bout de l'arbre qui porte cette platine.

Mais, comme ce limaçon fait un effort latéral chaque fois qu'il présente ce grand axe entre les pièces qu'il déplace, & au milieu desquelles il joue, on a prévenu le dérangement de ces pièces, en les tenant assujetties dans la même situation verticale par de forts sommiers, par des boîtes & des ressorts très-solides.

Une circonstance bien importante de ce changement est la position de l'extrémité du levier sur laquelle l'ouvrier agit pour faire descendre la platine; car elle eſt préciſément à côté de la manivelle qu'il tourne pour le tranſport du train deſſous la platine. Quand il quitte cette manivelle, il trouve l'extrémité du levier qui opère la preſſion; & en s'appuyant deſſus, il imprime la feuille avec un très-petit effort.

Maintenant, ſi nous comparons l'eſpace que le preſſier parcourt, & les différentes ſituations qu'il prend pour imprimer une feuille, en opérant avec l'ancienne ou avec la nouvelle Preſſe, nous trouverons que non-ſeulement ſa fatigue eſt conſidérablement diminuée par le mécaniſme de preſſion introduit dans la nouvelle, mais encore que le tems du travail eſt abrégé par la ſuppreſſion du barreau, qu'il faut aller chercher fort loin des autres manœuvres, & faire mouvoir par des efforts rudes & pénibles. Nous inſiſtons ſur ces circonſtances, parce qu'elles ſe répètent chaque fois qu'on imprime une feuille, c'eſt-à-dire, ſuivant les expériences que nous avons faites, trois cents trente-ſix fois par heure. Nous ajouterons que les accidens que peut occaſionner la rupture du barreau, ſe trouvent prévenus par le même levier.

Il réſulte de ces mêmes expériences conformes aux réſultats que M. Pierres a eus conſtamment depuis qu'il fait uſage de ſa nouvelle Preſſe, que l'augmentation de ſon travail eſt d'environ un quart ſur celui de l'ancienne. Outre cela, la longueur du nouveau levier avec lequel s'opère la preſſion, donne aux ouvriers la facilité non-ſeulement de modérer le foulage & de porter la couleur de l'impreſſion au ton qu'il convient ſans ſe gêner, mais ſur-tout d'imprimer d'un ſeul coup les grands formats. C'eſt avec ces moyens que les ouvriers de M. Pierres ont tiré dans un jour juſqu'à quinze cents exemplaires du Placard, Nom de Jeſus, ſans avoir enviſagé cette tâche comme l'effet d'un travail forcé.

Le ſecond changement eſt auſſi fort important : il conſiſte dans la manière dont la platine ſe trouve ſuſpendue à l'extrémité de ſon arbre. Elle eft attachée à une boule de fer qui roule dans une boîte par un mouvement de genou. Au moyen de cette fufpenfion, la platine peut prendre toutes fortes de pofitions, & c'eft toujours le plan de la furface du tympan qui là ramène au parallélifme, & qui fait qu'elle preffe également fur tous les points de la forme. Le fyftême de conftruction eft infiniment plus fimple & plus sûr que celui par lequel on cherche à donner à la platine une pofition fixe & parallèle au marbre ou au plan de la forme ; recherche inutile, comme on le conçoit aifément, puifque la fimple application de la platine fur le tympan fuffit pour produire ce parallélifme. M. Pierres a foulevé plufieurs fois la platine d'un côté ; & , dès le premier coup de Preffe, elle a fi bien opéré, que l'impreffion s'eft trouvée très-nette & très-égale dans toutes les parties de la feuille.

Nous devons remarquer ici que, pour affurer les avantages que M. Pierres pouvoit tirer de cette réforme, il a fait exécuter toutes les pièces de l'arbre de la platine, toutes celles qui compofent le train ou qui en dirigent les mouvemens, avec la plus grande jufteffe. Il nous en a donné une preuve bien convaincante : il fit enlever devant Nous la forme qui étoit fous Preffe, & en fit fubftituer fur le champ une autre de Placard, Nom de Jefus. Si-tôt que la forme eut été placée fur le marbre, que le tympan eut reçu les garnitures qui lui convenoient, dès le premier coup de Preffe, le Placard fe trouva imprimé bien également dans toutes fes parties. En pareil cas, il faut effayer, avec les Preffes ordinaires, pendant plus d'une heure avant que d'être en train.

Le troifième changement a pour objet la penture du tympan. On fait que la charnière du tympan, quelque bien ajuftée qu'elle foit au coffre, prend en peu de tems affez de jeu pour que ce défaut de jufteffe influe fur le regiftre. M. Pierres remédie à cet inconvénient, en pratiquant, aux extrémités du tympan, des trous coniques qui reçoivent une vis en pointe de même forme. Cette vis peut, en tournant, ferrer autant qu'il convient, le tympan avec les attaches du coffre, & prévenir ainfi le moindre déplacement du regiftre. Avec ce moyen fimple, on obtient une retiration bien exacte, & même on peut tirer plufieurs fois la même feuille fans doubler. C'eft ce dont nous nous fommes affurés en faifant imprimer jufqu'à fix fois la même feuille, & déplier chaque fois le tympan & la frifquette.

Nous ne parlerons pas ici des autres avantages qui réfultent de la conftruction de la nouvelle Preffe. Nous finirons par dire que le prix excédera de peu celui des Preffes ordinaires, ce qui eft très-effentiel pour que les Imprimeurs fe déterminent à adopter des changemens dont les avantages feroient balancés par les grandes dépenfes de conftruction qu'ils occafionneroient.

Dans l'intention de rendre fon travail utile à fes Confrères, M. Pierres a pris le parti de publier maintenant la Defcription de fa nouvelle Preffe, qu'il a lue à l'Académie, & fur laquelle il defire d'avoir auffi fon jugement. Cette Defcription nous a paru très-claire & très-méthodique. Il y montre la forme exacte de toutes les pièces qui entrent dans la conftruction de chaque mécanifme, de manière non-feulement à en faire connoître les ufages, mais encore à diriger ceux des Artiftes qui fe propoferoient de les copier. Lorfqu'il expofe les avantages de fes changemens & de fes réformes, il le fait fans les exagérer, & en indiquant nettement les befoins de l'Art qu'il a remplis par ces nouveaux moyens. En un mot, nous croyons que cette Defcription annonce fort avantageufement l'Art de l'Impri-merie, dont elle doit faire partie.

En conféquence, nous penfons que la nouvelle Preffe de M. Pierres mérite l'approbation de l'Académie, & la Defcription qu'il en a

M

faite, d'être imprimée, comme l'Auteur le defire, fous le Privilége de l'Académie.

FAIT au Louvre, ce dix-huit Mars mil fept cent quatre-vingt-fix. *Signé* BOCHART DE SARON; le Duc DE LA ROCHE-FOUCAULD; BOSSUT & DESMARETZ.

Je certifie le préfent Extrait conforme à fon original & au jugement de l'Académie. A Paris, ce vingt-trois Mars mil fept cent quatre-vingt-fix.

Le Marquis DE CONDORCET.

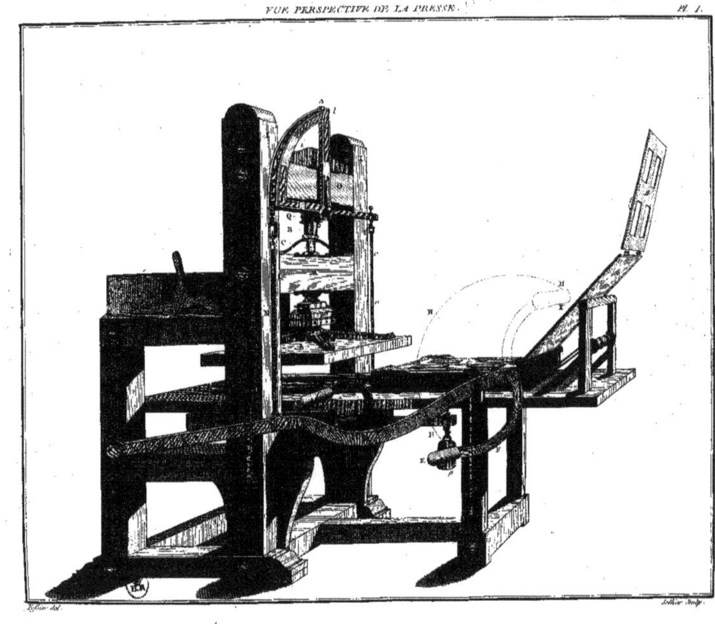

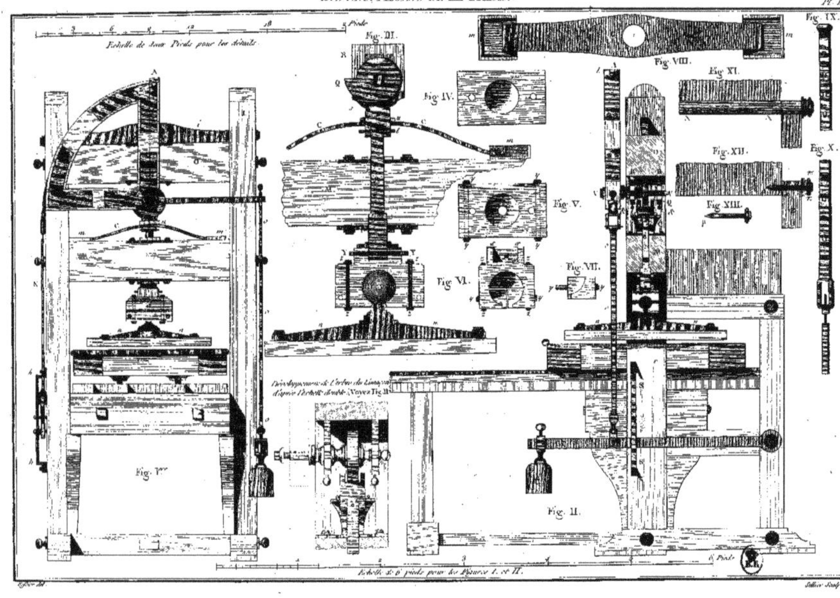
Echelle de deux Pieds pour les détails.
Fig. III.
Fig. IV.
Fig. V.
Fig. VI.
Fig. VII.
Fig. VIII.
Fig. IX.
Fig. X.
Fig. XI.
Fig. XII.
Fig. XIII.
Fig. I.
Fig. II.
Echelle de 6 pieds pour les Figures I. et II.

9 782019 218430